Genossenschaftliche Kriegshilfe

Drei Vorträge

von

Dr. R. Deumer

Berlin 1914
J. Guttentag, Verlagsbuchhandlung,
G. m. b. H.

Vorwort.

Weiteren, vornehmlich gewerblichen Kreisen überreiche ich diese Kriegsvorträge. Als solche sind sie zu lesen. Sie beanspruchen keinen besonderen wissenschaftlichen Wert, sind sie doch unter dem Eindrucke der sich vielfach überstürzenden Kriegs- und wirtschaftlichen Ereignisse verfaßt und gewissermaßen aus dem Stegreife geschrieben, wenn sie auch umfangreiche Studien zur Unterlage haben, die ich für meine Lehrtätigkeit in der Berliner Vereinigung für staatswissenschaftliche Fortbildung, im Allgemeinen Vorlesungswesen Hamburgs und an der Handelshochschule zu Leipzig getrieben habe.

Alleiniger Zweck dieser Veröffentlichung ist Verbreitung des genossenschaftlichen Gedankens in allen Bevölkerungsschichten, sowie Hebung des genossenschaftlichen Geistes in Genossenschaftskreisen zur Linderung gegenwärtiger und zukünftiger Wirtschaftsnöte.

Hamburg, im November 1914.

Dr. Deumer.

Inhalt.

I.

Die Bedeutung der genossenschaftlichen Kriegshilfe.

Mitten in diesen wilden Kriegszeiten sind Sie gekommen, sich Vorträge über das deutsche Genossenschaftswesen anzuhören. Manchem wird sich die Frage aufgedrängt haben, ob es die jetzigen Wirtschaftsverhältnisse rechtfertigen, sich für die genossenschaftliche Organisation zu interessieren — jetzt, wo unsere Truppen im Feindeslande kämpfen und unser Wirtschaftsleben darniederliegt.

Die Antwort auf diese Frage kann ich rasch und sicher geben: Gerade jetzt — und ich möchte hinzufügen — jetzt mehr denn je ist es am Platze, sich für das Genossenschaftswesen zu interessieren, wenn schon es früher Zeit genug war, die Genossenschaftsbewegung kennen zu lernen.

Wieviel oder besser gesagt: wie wenig weiß und versteht das große Publikum von der genossenschaftlichen Organisation!

Der Laie denkt, wenn er etwas über die Genossenschaften hört, in der Regel an einen Konsumverein, den er vielleicht aus eigener Anschauung kennt, vielleicht auch an eine Kreditgenossenschaft oder Molkereigenossenschaft. Er stellt sich in der Regel die genossenschaftliche Organisation recht dürftig, den Umsatz geringfügig, die Beteiligung auf sog. kleinere Leute beschränkt vor; denn er weiß nicht, daß heute fast der vierte Teil unserer deutschen Bevölkerung irgendwie bereits an der genossenschaftlichen Organisation beteiligt ist, daß Deutschland über 34 000 eingetragene Erwerbs- und Wirtschaftsgenossenschaften mit einem Mitgliederbestande von über fünf Millionen Personen zählt, daß der genossenschaftliche Jahresumsatz sich auf über 28 Milliarden Mark beläuft und die Genossenschaften Verwalter großer Sparkapitalien sind.

Aber dieses Nichtwissen ist verzeihlich.

Die Genossenschaft tritt nicht in dem schillernden, blendenden Gewande einer Riesenfirma oder dem äußeren Glanze eines Warenhauses in die Erscheinung und Öffentlichkeit, so daß ihr Wirken in die Augen fiele und allgemeines Interesse beanspruche. Genossenschaftsarbeit ist vorzugsweise gediegene, innere Kleinarbeit, die nicht nach äußerem Glanze drängt, sondern in der Stille eines ländlichen Bezirkes oder der Kleinstadt oder auch innerhalb einer Interessentengruppe, wie etwa einer Handwerkerinnung, wirkt.

Die Genossenschaft ist auch kein Unternehmen, für das die Reklametrommel gerührt wird oder nötig ist — trotz ihrer großen, volkswirtschaftlichen Bedeutung — von sich selbst aus, durch ihre Leistungen erobert sie sich immer mehr Boden in unserem Wirtschaftsleben.

Noch aus einem anderen Grunde ist der Mangel an genossenschaftlichen Kenntnissen verzeihlich. Das Genossenschaftswesen ist von jeher ein Stiefkind unserer Wissenschaft gewesen. Erst in den letzten Jahren ist eine Wendung zum Besseren eingetreten und wird das Genossenschaftswesen von den Gelehrten zum Gegenstande ihrer Forschungen gemacht. Mag sein, daß die wissenschaftliche Erforschung des Genossenschaftswesens ihre Schwierigkeiten hat; denn das Genossenschaftswesen erfordert wegen seiner vielfachen Berührungspunkte mit sämtlichen Zweigen unseres Wirtschaftslebens eine Fülle reifer Kenntnisse auf dem Gebiete der Volkswirtschaft und Wirtschaftspolitik. Ich erwähne z. B., daß das Kreditgenossenschaftswesen enge Berührungspunkte mit dem allgemeinen Geld- und Bankwesen besitzt, daß das Baugenossenschaftswesen Kenntnisse in dem Wohnungswesen und der Bodenpolitik voraussetzt, daß das Konsumvereinswesen in die Sozialpolitik eingreift, das Handwerkergenossenschaftswesen mit der Mittelstandsbewegung und der Handwerkerfrage in Zusammenhang steht. Schon aus dieser Aufzählung kann man ersehen, welche Bedeutung das Genossenschaftswesen für die jetzigen wirtschaftlichen Verhältnisse der verschiedensten Berufsstände besitzt, wie es in die Wirtschaftslage, die der Weltkrieg gezeitigt hat, eingreift.

Seit dem Ende des vorigen Jahrhunderts ist das deutsche Genossenschaftswesen eine weitverzweigte, komplizierte Organisation geworden, die ihre Fäden überall und bei jeder Interessenvertretung im Spiele hat, nicht einheitlich gegliedert, sondern in zahlreiche Richtungen und Verbände zersplittert ist.

Die gegenwärtigen Vorträge werden und sollen stehen unter dem Einflusse und Eindrucke des Krieges und seiner wirtschaftlichen Folgen. Ausgewählte Kapitel aus dem weiten Gebiete der Genossenschaftslehre werde ich Ihnen vor Augen führen, Kapitel, die mit Rücksicht auf die gegenwärtige Wirtschaftslage zusammengestellt sind, die aber zugleich als allgemeine Einführung in das Genossenschaftswesen dienen und für alle die bestimmt sind, die das Genossenschaftswesen nur dem Namen nach kennen. —

Krieg und Wirtschaftsleben!

Welche Folgen dieser Krieg für unser Wirtschaftsleben gezeitigt hat, brauche ich hier nicht auseinanderzusetzen. Das spüren Sie als Bewohner der größten Handelsstadt *) selbst am besten, auch ohne Vorträge und gelehrte Auseinandersetzungen. Diese wirtschaftliche Not vor Augen zu führen, ist auch nicht der Zweck dieser Vorträge.

Aufgabe und Ziel dieser Vorträge soll es vielmehr sein,

*) Diese Vorträge wurden zuerst vom Verfasser in Hamburg gehalten. Was hier von Hamburg gesagt ist, gilt für jede größere Handels- oder Industriestadt.

das wirtschaftliche Wesen einer großen Organisation Ihnen näher zu bringen, einer wirtschaftlichen Organisation, die wie keine andere geeignet ist, dem gewerblichen und ländlichen Mittelstand über die Fährlichkeiten unserer gegenwärtigen Krisis hinwegzuhelfen. Nicht in Ausübung einer wohltätigen, charitativen Kriegshilfe, die mildtätige Gaben verteilt, sondern als wirtschaftliche und soziale Organisation werden Sie die Genossenschaft wirken sehen, die unabhängig von oben und nach unten sich betätigt, indem sie ihre Mitglieder nicht mit dankheischenden Almosen unterstützt, sondern von sich selbst aus — aus eigener Kraft als Selbsthilfeorganisation auf den Plan tritt, um gemeinnützig zu wirken.

In fast allen Städten sehen wir jetzt Kriegskreditbanken entstehen, Kriegskreditkassen, Beleihungs- oder Darlehnskassen. Sind auch nicht alle dieser Kriegskreditbanken in der Rechtsform der eingetragenen Genossenschaft gegründet, so sind sie doch nichtsdestoweniger wirkliche Genossenschaften. Sie sind gegründet als gemeinnützige Unternehmungen, gestützt auf die genossenschaftliche Selbsthilfe der Beteiligten. Es ist der Gedanke der Genossenschaft, der heute im Triumphe durch Deutschland zieht — der Gedanke des gemeinsamen Einstehens und Helfens, der alle Kreise beherrscht im wirtschaftlichen und politischen Fühlen und Handeln.

Wie die Genossenschaften der tiefsten wirtschaftlichen Not im vergangenen Jahrhundert ihre Entstehung verdanken, so ist auch jetzt wieder in der eisernen Not der Zeit ihre Stunde gekommen, wo man sich überall der genossenschaftlichen Selbsthilfeorganisation erinnert und auf diesem Fundamente den mannigfachsten Zwecken und Bedürfnissen angepaßte Kassen gründet.

Betrachten Sie diese Ausführungen als Einleitung und lassen Sie uns übergehen zu der

besonderen Bedeutung der Genossenschaften für die jetzige Wirtschaftslage.

In diesen schweren Zeiten unseres Wirtschaftslebens sind die Genossenschaften vor ganz besondere Aufgaben gestellt. Wenn unser deutsches Wirtschaftsleben gegenüber den Folgen des Krieges sich so widerstandsfähig gehalten hat, ohne Moratorium auskommt und mit einem nur mäßig erhöhten Reichsbankdiskontsatz arbeitet, so ist dieses Resultat zu einem nicht geringen Teile unserem ausgebreiteten und kräftigen Genossenschaftswesen zu verdanken.

Der Großstädter merkt allerdings wenig von diesem segensreichen Wirken der Genossenschaften, weil in Handels- und Industriestädten, abgesehen von der Entwickelung des Konsumvereinswesens, nur ein verhältnismäßig geringer Teil der gewerblichen Bevölkerung genossenschaftlich organisiert ist. Für den kaufmännischen Geist, die Spekulation und Unternehmungslust, die in Handels- und Industriekreisen besonders ausgeprägt sind, ist die Genossenschaft wegen ihrer gemeinnützigen idealen Bestrebungen keine geeignete Unternehmungsform; denn sie ist ein Betrieb, der Unternehmergewinne und Profite nicht kennt, sondern ohne Erwerbsabsicht nur dem Gemeinwohle seiner Mitglieder dient.

Aber Handels- und Industriekreise sind in ihrer Absatzbetätigung von der Kaufkraft der gesamten Bevölkerung abhängig. Stockt dieser Absatz infolge Rückganges der Gewerbstätigkeit gewisser Berufe nur in den entferntesten Gegenden, so macht sich diese Hemmung wie eine Wellenbewegung über die einzelnen Zwischenhändler hinweg bis in das Kontor des Großkaufmannes und Großindustriellen bemerkbar — er merkt es sofort an dem Ausbleiben von Aufträgen und Bestellungen, daß der Markt nicht belebt ist.

Nun ist den Genossenschaften die große Aufgabe zugefallen, den Mittelstand in Stadt und Land gewerbstätig und damit kaufkräftig zu machen. Die Betriebskredite für Handwerker und Kleinkaufleute fließen größtenteils aus den Kassen der gewerblichen städtischen *Kreditgenossenschaften*. In gleicher Weise empfängt der Landwirt seinen

Kredit aus den ländlichen Spar- und Darlehnskassen. Wir können uns eine gewerbsmäßige Betätigung von Landwirtschaft und Kleingewerbe gar nicht mehr ohne die Genossenschaften vorstellen. Am 1. Juni 1914 — also kurz vor Kriegsausbruch — existierten 17 657 ländliche Spar- und Darlehnskassen, die der Versorgung der ländlichen Bevölkerung mit Betriebskredit dienten, während ca. 1600 städtische und gewerbliche Kreditgenossenschaften den gewerblichen Kredit befriedigten. Allein diese Kreditgenossenschaften, die nur einen Bruchteil des Genossenschaftswesens bilden, hatten einen Mitgliederbestand von reichlich $2^1/_2$ Millionen Personen, versorgten also $2^1/_2$ Millionen ländliche oder städtische Betriebe mit Kredit. Der Betrag der gewährten Kredite belief sich auf ca. 8 Milliarden Mark, die Summe der angeliehenen fremden Gelder auf ca. 5 Milliarden Mark, ihr Gesamtumsatz aber auf reichlich 27 Milliarden Mark.

Wir können diese Leistungen der Kreditgenossenschaften gar nicht mehr entbehren — eine fürchterliche Kreditnot würde entstehen, wenn sie nicht mehr existierten, wenn sie nicht mehr leistungsfähig arbeiteten. Wer sollte in ihre Lücke einspringen, wer nunmehr einen Jahreskredit von 8 Milliarden Mark an die kleingewerbliche und ländliche Bevölkerung gewähren, wer nunmehr 5 Milliarden Spareinlagen annehmen, sicher verwalten und verzinsen?

Die Großbanken und die Sparkassen, möchte man meinen. Als ob Bankkredit und Sparkassenkredit dasselbe wäre wie Genossenschaftskredit?! Ja, wenn Bank- oder Sparkassenkredit zu denselben Bedingungen gewährt würde wie der Genossenschaftskredit. Hier liegen aber die tiefgehenden Unterschiede zwischen kapitalistischer Erwerbswirtschaft und gemeinnütziger Genossenschaftswirtschaft. Die Großbanken müssen Gewinne für ihre Aktionäre herauswirtschaften, sie haben oft eine kostspielige Verwaltung — sie können nicht umsonst arbeiten, da sie reine Erwerbsinteressen verfolgen und von den Leistungen ihrer Kunden existieren. Zudem können sie fast nie ungedeckten Kredit gewähren. Sie verlangen und müssen nach ihrem ganzen kapitalistischen Aufbau eine reale Sicherstellung verlangen durch Verpfändung lombardfähiger Effekten, Einräumung von Sicherungshypotheken und anderen geeigneten Unterlagen. In gleicher Weise gewähren auch die im Anschluß an die Reichsbank errichteten öffentlichen Kriegsdarlehnskassen Kredit nur durch Beleihung von sicheren Effekten oder lombardfähigen Waren; dienen also nur der Befriedigung des Realkredites. Dagegen gewähren die Kreditgenossenschaften vorzugsweise Personalkredit, verlangen also regelmäßig keine besondere Sicherstellung. Der Kredit wird gewährt der Person, nicht dem beliehenen Objekte, wobei allerdings vorausgesetzt wird, daß der Kreditnehmer in Ansehung des beanspruchten Kredites kreditwürdig ist. Es können also die berechtigten Kreditbedürfnisse all' derjenigen Kreise einer erwerbstätigen Bevölkerung befriedigt werden, die nicht in der Lage sind, über lombardfähige Werte zu verfügen. In dieser Beziehung gehen die Kreditgenossenschaften Hand in Hand mit den neu gegründeten Kriegskreditbanken. Beide dienen der Linderung einer allgemeinen Kreditnot durch Gewährung von Personalkredit im Wege der Selbsthilfe. Derartige Kriegskreditbanken sind namentlich in Großstädten mit überwiegend gewerblicher Bevölkerung ins Leben gerufen worden. Zu nennen sind hier die Berliner Kriegskreditbank, die Bayrische Kriegskreditbank in München, die Darlehnskasse für Gewerbetreibende und Kleinkaufleute in Hamburg, die Darlehnskasse in Frankfurt a. M. u. a.*) Es dürfte darauf hinzuweisen sein, daß derartige Kriegskreditbanken nicht etwa an Stelle bisher existierender Kreditgenossenschaften getreten sind, sondern daß sie geradezu Lücken innerhalb einer kleingewerblichen Kreditorganisation ausgefüllt haben; denn überall da, wo bereits leistungs-

*) Während der Drucklegung ist ein neues genossenschaftliches Kreditinstitut unter der Firma „Kriegskreditkasse für den deutschen Mittelstand, e. G. m. b. H.“, in Berlin gegründet worden.

fähige Kreditgenossenschaften bestanden, war und ist kein Bedürfnis für besondere Kriegskreditbanken vorhanden. Bei Ausbruch des Krieges lag daher für alle diejenigen Kreise, die bereits Anschluß an eine ländliche oder gewerbliche Kreditgenossenschaft gefunden hatten, keine Veranlassung vor, sich nach irgendwelchen neuen Kreditquellen, insbesondere nach besonderen Kriegskreditbanken umzusehen. Dies gilt namentlich für die Kreditbedürfnisse der gesamten Landbevölkerung. Die gesamte Landbevölkerung befriedigt bekanntlich fast ausnahmslos ihre Kreditbedürfnisse bei den genossenschaftlichen Spar- und Darlehnskassen-Vereinen. Wie vorzüglich diese Vereine während des Kriegszustandes ihren vermehrten Aufgaben gerecht wurden und allenthalben berechtigte Kreditansprüche befriedigen konnten, ergibt sich daraus, daß nirgends aus der Landbevölkerung Stimmen zur Abhilfe einer Kreditnot laut wurden. Wäre der kleingewerbliche Kredit in den Großstädten mit Hilfe der Genossenschaften ebenfalls so glänzend organisiert wie auf dem Lande, so hätte es der Errichtung besonderer Kriegsdarlehns- oder Beleihungskassen gar nicht bedurft.

Die Preußische Zentralgenossenschaftskasse hat sich nun mit Rücksicht auf die durch den Krieg geschaffene Wirtschaftslage die dankenswerte Aufgabe gestellt, mit Hilfe ihrer umfangreichen Mittel helfend einzugreifen. Die Preußische Zentralgenossenschaftskasse hat die Kriegslage berücksichtigende Erleichterungen ihres Geschäftsverkehres getroffen und ist auch bereit, die Gründung von Verbands(zentral)genossenschaften, durch deren Vermittelung den Einzelgenossenschaften der Kredit zufließt, zu erleichtern. Die Oberpräsidenten sämtlicher preußischen Provinzen sind durch Rundschreiben des Handelsministers vom 18. August aufgefordert worden, als vorzüglichste Maßnahme zur Linderung der Kreditnot im gewerblichen Mittelstande das Kreditgenossenschaftswesen zu empfehlen. Auch hier hat man also an offizieller Stelle bekundet, daß die Begegnung der jetzigen

Kreditnot vornehmlich durch die Genossenschaften zu erfolgen haben wird.

Die erwähnte Erleichterung des Geschäftsverkehrs mit der Preußischen Zentralgenossenschaftskasse besteht in der Vereinfachung der Beibringung von Kreditunterlagen. Zur Teilnahme an den Krediten der Preußischen Zentralgenossenschaftskasse bedarf es daher für die Kreise, die sich bisher dem Genossenschaftswesen ferngehalten haben, zunächst des Beitritts zu Genossenschaften und des Anschlusses an bestehende Verbandskassen oder unter Umständen auch des Zusammenschlusses der Genossenschaften zu neuen Verbandskassen. Der Verbandskassenanschluß ist deshalb wesentlich, weil die Preußische Zentralgenossenschaftskasse nach gesetzlicher Vorschrift die ihr zur Verfügung stehenden Mittel nur solchen Genossenschaften zuführen kann, die sich zu genossenschaftlichen Verbandskassen zusammengeschlossen haben. Um den neuen, in die genossenschaftliche Organisation eintretenden Personen und Genossenschaften die Teilnahme an dem Kredit zu erleichtern, ist die Preußische Zentralgenossenschaftskasse bereit, einstweilen auf die Beibringung der nach ihren Bestimmungen zur Erlangung weitgehendster Kredite notwendigen generellen Unterlagen und Nachweise auf Antrag zu verzichten und deren Nachlieferung ruhigeren Zeiten vorzubehalten, sobald spezielle, sich auf den einzelnen Kreditfall beziehende Ersatznachweise vorgelegt werden.

Diese Maßnahmen kommen jedoch lediglich für neu mit der Preußischen Zentralgenossenschaftskasse in Geschäftsverkehr tretende Genossenschaften und Verbandskassen sowie für neu zu Genossenschaften beitretende Einzelmitglieder in Betracht. Für die überwiegende Zahl der mit der Preußischen Zentralgenossenschaftskasse bisher in Verbindung stehenden Verbandskassen erübrigten sich irgendwelche besondere Maßnahmen, da sie mit den bisherigen Krediten durchweg in der Lage waren, alle berechtigten Ansprüche zu befriedigen, auch die Kreditgrundsätze der Preußischen Zentralgenossenschaftskasse sich insbesondere in den ersten Kriegswochen, während die meisten sonstigen Kreditinstitute versagten, derart glänzend bewährt haben, daß keinerlei Anlaß vorliegt, hier irgend eine Änderung eintreten zu lassen.

Es wäre eine fehlerhafte Betrachtungsweise, die genossenschaftliche Kriegshilfe als Wohltätigkeitsanstalt oder Allheilmittel für alle notleidenden Gewerbetreibenden anzusehen. Ihre Aufgabe ist es, nur solchen Existenzen über die Schwierigkeiten hinwegzuhelfen, die mit Rücksicht auf die Kriegslage entstanden sind und nicht in persönlichen oder ungesunden geschäftlichen Verhältnissen, wie Mißwirtschaft, geschäftlichem Schlendrian, Müßiggang begründet sind. Gesunde, wenn auch mittellose Existenzen zu stützen und zu stärken, ist die Aufgabe der Genossenschaft von jeher gewesen; dort zu helfen, wo Arbeitskraft und Tüchtigkeit und Solidität in persönlichem und geschäftlichem Wandel die Bürgschaft bieten, daß die genossenschaftliche Hilfe verständig genutzt und übernommene genossenschaftliche Verpflichtungen nach Kräften erfüllt werden.

Daher ist Vorsicht bei der Kreditgewährung zu beobachten. Neben wirklich durch den Krieg in ihrer Existenz betroffenen Personen gibt es auch eine ganze Reihe von Kreditbedürftigen, die sich schon lange vor dem Kriege in finanziellen Schwierigkeiten befunden haben und sich nun darauf berufen, nur durch den Krieg in Vermögensverfall geraten zu sein. Vor einer Kreditgewährung an solche Personen ist zu warnen. Die Kreditkommissionen in den einzelnen Kreditgenossenschaften werden also bei Gewährung von Kriegskrediten einmal die Ursache der Kreditbedürftigkeit, sodann aber auch den Verwendungszweck der beanspruchten Kredite nachzuprüfen haben, wenn sie ihre Genossenschaften vor Schaden behüten wollen. Eine in wirtschaftlicher und banktechnischer Hinsicht geschickte Abfassung von Fragebogen für die Gesuchsteller um Gewährung genossenschaftlicher Kredite sowie die Einsetzung von besonderen örtlichen Vertrauenskommissionen zur Prüfung der Kreditwürdigkeit jener Gesuchsteller bieten Gewähr dafür, daß den erwähnten Bedenken nach Möglichkeit vorgebeugt wird.

Mit der Kreditgewährung zur Linderung einer allgemeinen Kreditnot sind aber die Aufgaben der Genossenschaften, die sie mit Rücksicht auf die jetzige Kriegslage zu erfüllen haben, keineswegs erschöpft.

Betrachten wir einmal den Wirkungskreis einer ländlichen Genossenschaft. Wer mit ländlichen und landwirtschaftlichen Verhältnissen vertraut ist, weiß ja, daß die Dorfgenossenschaft den wirtschaftlichen und oft auch den geistigen Mittelpunkt der ganzen Dorfgemeinde bildet. In der ländlichen Genossenschaft sitzen die Honoratioren des Ortes: der Pfarrer, der Lehrer, der Gemeindevorstand als Vorstands- oder Aufsichtsratsmitglieder. Die gesamte ländliche Wohlfahrtspflege konzentriert sich in der Genossenschaft. Die ländlichen Genossenschaften gewähren nicht nur den Kredit, sie verwalten auch die Spargelder der Genossen, sie besorgen deren gesamte Geld- und Warengeschäfte, kaufen im großen Dünger und Saatgut ein, sorgen für den Absatz der landwirtschaftlichen Produkte, sei es nun von Korn oder Wein oder Vieh. Sie nehmen also dem Landwirte die gesamte geschäftliche Seite seiner Tätigkeit ab, sodaß dieser sich um Einkauf seiner Bedarfsgüter und Absatz seiner Erzeugnisse nicht mehr zu kümmern braucht. So wird er als der geschäftlich unerfahrenere Kontrahent vor Übervorteilungen geschützt, auch erreicht, daß er seine Kräfte, die er früher für den Einkauf und Absatz aufwenden mußte, für die eigentliche Landwirtschaft freibekommt. So wird der Landwirt mit Hilfe der Genossenschaft immer mehr Landwirt im eigentlichen Sinne, immer weniger Fabrikant und Händler; das besorgt für ihn die Genossenschaft, als Bezugs- oder Absatzgenossenschaft, als Viehverwertungs-, Molkerei-, Winzer- oder Brennereigenossenschaft.

In dem jetzigen Kriegszustande zeigten sich nun allerorts die segensreichen Folgen dieser genossenschaftlichen Tätigkeit.

Die Idee des genossenschaftlichen Nachbarschaftsverbandes entwickelt und betätigt sich in vielseitigster Weise.

Der Krieg hat zahlreiche Arbeitskräfte, selbständige Landwirte, Knechte und Landarbeiter zu den Fahnen und von Haus und Hof gerufen. So ist die schlimmste Gefahr für unsere Landwirtschaft und damit unsere ganze Volksernährung nicht etwa die, daß es an Geld oder Kredit fehlt, sondern die, daß die tüchtigsten Arbeitskräfte dem Lande genommen sind. In dieser Kalamität hilft nun die Genossenschaft aus; nicht nur, daß sie eine geeignete Vermittelung von Arbeitskräften in die Hand nehmen kann, sie bringt Hilfe im idealen, gemeinnützigen, echt genossenschaftlichen Geiste. Die Genossenschaften sorgen dafür, daß die Höfe weiter bewirtschaftet werden, daß die Felder nicht unbestellt bleiben, und treffen Fürsorge für die nächstjährige Ernte. Namentlich stehen sie aber den zurückgelassenen Frauen mit Rat und Tat zur Seite. Was das bedeutet, kann nur der ermessen, der ländliche Verhältnisse und das Gebaren der Landbevölkerung kennt. Die zurückgelassenen Frauen sind im Geschäftsgebaren meistens unerfahren, sie können bei Geldgeschäften oder dem An- und Verkauf von Vieh und Getreide nur zu leicht in schlechte Hände geraten. Es sind mir Fälle bekannt geworden, wo gewissenlose Grundstückshändler, sog. Güterschlächter, das Land bereisen, um unter Ausnützung der gegenwärtigen Kriegslage die zurückgebliebenen Ehefrauen unter den unglaublichsten Vorwänden zu bestimmen versuchen, ihr Haus und Hof zu verschleudern. Ein ähnliches Handwerk sollen auch unreelle Getreide- und Viehhändler betreiben. Hier setzt nun die tatkräftige Hilfe der Genossenschaften ein, die vor solchen Hyänen des wirtschaftlichen Schlachtfeldes auf dem Posten sind.

Und schließlich fällt dem Genossenschaftswesen noch die wichtigste Aufgabe zu: die Heeresversorgung. Es dürfte im Publikum nur wenig bekannt sein, daß fast der gesamte Heeresbedarf, der jetzt in ungeheuren Mengen an der Front gebraucht wird, also der Heeresbedarf an Brotgetreide, Hafer, Heu, lebendem Schlachtvieh von den ländlichen Genossenschaften geliefert wird. Die Organisation, die (am 11. August 1914) zur Beschaffung der Heeresverpflegung gebildet wurde, bedient sich der Mitwirkung der Landwirtschaftskammern, die wieder mit den Zentralgenossenschaften in Verbindung treten. Der Landwirt liefert seine Erzeugnisse an die Einzelgenossenschaft ab, wo sie gesammelt und geordnet werden, die Einzelgenossenschaften liefern aber die Mengen an ihre Zentralgenossenschaft ab, welche dann schließlich mit den Proviantämtern die Lieferungsverträge abschließt. Bestände nicht die genossenschaftliche Organisation, so könnte entweder der kleine Landwirt seine Ernte nicht der Heeresverwaltung zur Verfügung stellen oder er müßte an Händler liefern, die — reell oder unreell — jedenfalls nur mit Profit die Waren aufkauften, vielleicht wieder an weitere Zwischenhändler lieferten, die wiederum Zwischengewinne machten. So wird durch die genossenschaftliche Organisation sehr zum Vorteile der Heeresverwaltung und des einzelnen Landwirtes der Zwischenhandel ausgeschaltet, es werden sachgemäße Preise erzielt und auch dem kleinen Landwirte ermöglicht, sich an den Lieferungen für die Heeresversorgung zu beteiligen.

Und schließlich noch ein anderes Bild: Die Konsumvereine.

Auch die Stunde der Konsumvereine ist jetzt gekommen, wo sie eine gerechtere Beurteilung erfahren werden. Man gibt bereits an maßgebenden Stellen unumwunden zu, daß während der Kriegszeiten gerade die Konsumvereine dazu berufen sind, regulierend auf den Lebensmittelmarkt einzuwirken und die jetzt so teure Lebenshaltung des kleinen Mannes zu verbilligen. Schon die bisherigen Kriegsleistungen der Konsumvereine lassen darauf schließen, daß wohl mancher nach dem Kriege sein bisheriges Urteil über die Konsumvereine gründlich revidieren wird. —

Es muß späteren Zeiten vorbehalten bleiben, im einzelnen nachzuweisen, welche Einwirkungen der Krieg auf das deutsche Genossenschaftswesen gehabt hat und wie sehr und mannigfaltig wiederum das deutsche Genossenschaftswesen unser Wirtschaftsleben während des Krieges beeinflußt und unterstützt hat.

Es ist zwar nicht das erste Mal, daß das deutsche Genossenschaftswesen einen Krieg übersteht; auch in den 70 er Jahren existierte schon die Genossenschaftsorganisation. Damals steckte sie aber noch in den Kinderschuhen und war unbedeutend; Deutschland hatte überdies nur einen Gegner, während wir jetzt in einem Weltkriege stehen. Das Genossenschaftswesen besteht jetzt seine Feuerprobe, und wenn bereits jetzt ein Rückblick nach der bisherigen Kriegsdauer gestattet ist, so kann man sagen: das deutsche Genossenschaftswesen hat sich glänzend bewährt — es ist über alles Erwarten gut gegangen!

Wenn ein späterer Geschichtsschreiber unser Wirtschaftsleben zur Zeit des Krieges schildert, wird er dem deutschen Genossenschaftswesen manches Ruhmesblatt widmen müssen; dessen bin ich gewiß.

II.

Die Genossenschaft als gemeinnützige Gesellschaftsform.

Deutschlands Fühlen und Handeln steht jetzt unter dem edlen Zeichen der Gemeinnützigkeit.

Wie unsere Kämpfer für das gemeinsame Wohl des deutschen Vaterlandes streiten und ihr Blut ohne Ansehen der Person und des Standes, der Partei und der Rasse für allgemeine Interessen vergießen, so betätigt sich auch ein edler Gemeinsinn in einer wirksamen wirtschaftlichen Kriegshilfe und durch Gründung gemeinnütziger Organisationen, wie Kriegskassen, Beleihungs- und Verwaltungskassen.

Es ist der Gedanke der Gemeinnützigkeit, der jetzt alle Kreise beherrscht.

Für die Kreise der genossenschaftlichen Organisation ist dieser Gedanke der Gemeinnützigkeit nicht neu. Es bedurfte für die genossenschaftliche Organisation nicht erst der Kriegsfurie und der Schrecken der Kriege, ihn zu erwecken — neu wird aber für viele andere der Gedanke sein, daß dem Genossenschaftswesen der Grundsatz der Gemeinnützigkeit eigen ist.

Die Genossenschaft ist eine wirtschaftliche Unternehmungsform, eine Unternehmung, die sich auf wirtschaftlichem Gebiete betätigt. Für wirtschaftliche Unternehmungen ist es besonders schwer, sich dauernd gemeinnützig zu betätigen und die Versuchung, Gewinne auf Kosten anderer zu erzielen, besonders groß.

Jede andere wirtschaftliche Unternehmung hat sozusagen die Gewinnabsicht zum Zweck und Inhalt ihres Daseins — sie wird zum Erwerbszweck gegründet. Das gilt für die Einzelunternehmung ebenso wie für die Gesellschaftsunternehmung. Wenn ein Einzelkaufmann ein Geschäft gründet oder mehrere sich zu einer Handelsgesellschaft vereinigen oder sich an einer Aktiengesellschaft oder Gesellschaft mit beschränkter Haftpflicht beteiligen — immer ist es die Erwerbsabsicht, die die Gründung und die Beteiligung veranlaßt.

Auch die Genossenschaft ist eine wirtschaftliche Unternehmung, auch sie besteht zum Vorteile gewisser Personen — aber doch ist ihre Zweckbestimmung eine ganz andere als die anderer Betriebe. Sie dient nämlich nicht dem Eigennutzen, sondern dem gemeinsamen Nutzen aller Interessenten, die sich ihrer bedienen. Die Genossenschaft will nicht für sich oder ihre Mitglieder Kapitalprofite erzielen, sondern die Erwerbswirtschaft der Mitglieder in jeder anderen Weise als durch Geldgewinne fördern. Die Genossenschaft will nicht, wie die private Erwerbsunternehmung möglichst viel verdienen, sondern ihren Mitgliedern viel dienen. Hierin liegt der Wesensunterschied zwischen genossenschaftlichem und nicht genossenschaftlichem — dem kapitalistischen Betriebe. Vergleichen wir einen genossenschaftlichen Betrieb mit einem kapitalistischen Betriebe: z. B. den Betrieb eines Bankgeschäftes in der Form der Kreditgenossenschaft im Verhältnis zur Unternehmungsform des Einzelkaufmanns oder der Aktiengesellschaft, so erkennt man bei näherem Zusehen die inneren Wesensunterschiede der beiden Betriebsweisen. Äußerlich wird man zwar keinen Unterschied wahrnehmen, äußerlich sieht das Bankgeschäft einer Kreditgenossenschaft so ähnlich dem Geschäfte eines Bankiers oder einer Aktienbank wie ein Ei dem anderen. Der Unterschied tritt erst in der Zweckbestimmung der Betriebe zutage. Das nicht genossenschaftliche Bankgeschäft wird betrieben, um für den Unternehmer Gewinn zu erzielen — die Kreditgenossenschaft besteht, um den Mitgliedern der Genossenschaft zu möglichst billigen Zinssätzen und Vergütungen die Vorteile des Bankgeschäftes zugänglich zu machen — nicht zum eigenen Nutzen des Unternehmens, sondern im Gesamtinteresse aller Mitglieder.

Und ein weiterer Unterschied zwischen genossenschaftlichem und kapitalistischem Betriebe tritt zutage, wenn es zur Gewinnverteilung kommt; dann erwirbt der Unternehmer des nicht genossenschaftlichen Betriebes — der Inhaber des Bankhauses — allen Gewinn für sich, während die Kreditgenossenschaft — abgesehen von der Bildung eines Reservefonds — ihren erzielten Gewinn nicht für sich behält, sondern an ihre Mitglieder verteilt. Die Genossenschaft kennt keinen Einzelnutzen, keinen Sondergewinn für den Inhaber des Unternehmens — all ihr Gewinn ist Gesamtgewinn ihrer Mitglieder, gemeinsamer Vorteil all ihrer Mitglieder. Und das gleiche Verhältnis wird man bei allen anderen Genossenschaftsarten finden, bei den Konsumvereinen, bei den Baugenossenschaften, bei den landwirtschaftlichen und Handwerkergenossenschaften — es ist der Grundgedanke der Genossenschaft: jeder Gewinn, jede Erübrigung, die z. B. der Konsumverein oder die Baugenossenschaft erzielt, kommt nicht etwa einem Einzelunternehmer als solchem, sondern weil Mitglieder, Kunden und Inhaber des Unternehmens die gleichen Personen sind, allen Beteiligten als Mitgliedern der Genossenschaft und Benutzern des genossenschaftlichen Betriebes zu statten — so als Käufer im Konsumvereine, als Mieter von Baugenossenschaftswohnungen, während der Gewinn, den ein Ladeninhaber oder ein Hausbesitzer erzielt, naturgemäß nicht an die Kunden oder Mieter zurückfließt, sondern bei diesem verbleibt.

Übrigens spielt die Gewinnerzielung im genossenschaftlichen Betriebe eine geringe Rolle; denn in der Gewinnerzielung liegt nicht die Aufgabe der Genossenschaft und kein vernünftiger Mensch wird sich an einer Genossenschaft aus Gewinnspekulation beteiligen. Aufgabe und Zweck der Genossenschaft liegt auf ganz anderem Gebiete. Die Genossenschaft dient dazu, die Mitglieder in ihrem Erwerbs- oder Wirtschaftsleben zu fördern, ihnen die Einrichtungen bestimmter Betriebe zur Verfügung zu stellen. Man denke z. B. an eine Maschinengenossenschaft. Ihr Zweck besteht darin, Handwerkern oder Landwirten, deren Betrieb nicht die Anschaffung und Ausnutzung teurer Maschinen lohnt, die Benutzung von Maschinen zu verschaffen, die die Genossenschaft dann auf gemeinsame Kosten anschafft und ihren Mitgliedern gegen geringe Vergütung leihweise zur Verfügung stellt. Auf diese Weise werden den Kleinbetrieben die Vorteile des maschinellen Großbetriebes zugänglich gemacht.

So wird Landwirten erst durch genossenschaftlichen Zusammenschluß beispielsweise eine vorteilhafte Kartoffeltrocknung ermöglicht.

Die Kartoffeltrocknungsindustrie hat mit Rücksicht auf die Kriegslage und die damit verbundene Unmöglichkeit, fremde Getreidesorten und Futtermittel einzuführen, für unsere gesamte Volksernährung eine nicht geahnte zeitgemäße Bedeutung erlangt. Ihre Aufgabe besteht darin, die leicht verderbliche Kartoffel durch ein technisch kompliziertes Trocknungsverfahren in eine gute Dauerware — die sog. Kartoffelflocken — umzuwandeln, die infolge ihrer trockenen Substanz sich längere Zeit, jedenfalls bis zur nächsten Kartoffelernte in unverderblichem Zustande erhalten und daher während des ganzen Jahres als Futtermittel, namentlich für die Schweinehaltung, verwendbar ist. Durch die jüngsten Kriegsnotverordnungen, betreffend die Festsetzung der Höchstpreise für Nahrungsmittel vom 4. November 1914, sind Kartoffelprodukte als Zusätze zur Brotherstellung für zulässig, ja im Interesse der Aufrechterhaltung einer durch die Kriegslage erschwerten Volksernährung für geboten erachtet worden. Da die Kartoffeltrocknung ein technisch kompliziertes Verfahren mit ziemlich kostspieligen Anlagen und einem betriebskundigen

Personal erfordert, auch nur bei einer gewissen Größe des zu verarbeitenden Quantums rationell betrieben werden kann, so vermag nur der genossenschaftliche Zusammenschluß von Landwirten diese Betriebsweise zu übernehmen. Ein Segen für die jetzt in vermehrtem Maße notwendig gewordene Kartoffeltrocknungsindustrie ist es daher, daß sie an die bereits bestehenden Kartoffeltrocknungsgenossenschaften anknüpfen und deren geschäftliche Erfahrungen für sich verwerten konnte.

Oder man denke an eine Winzergenossenschaft. Hier schließen sich die Winzer eines bestimmten Gaues zur gemeinsamen Kelterung, Einlagerung und dem gemeinschaftlichen Vertriebe ihrer Weine zusammen. Durch diesen Zusammenschluß kann sich die Genossenschaft ganz andere, nämlich viel großartigere Kellereien und technische Maschinen zulegen, als es dem einzelnen möglich wäre. Und dadurch wird wiederum dem kleineren Gewerbe die Möglichkeit gewährt, die Vorteile des Großbetriebes sich zu verschaffen und mit diesem wirksam konkurrieren zu können. So fördern die Genossenschaften die Erwerbswirtschaften ihrer Mitglieder.

Ganz anders liegen die Verhältnisse bei anderen, nicht genossenschaftlichen, also den kapitalistischen Unternehmungen. Wer einer Kapitalgesellschaft — sei es nun einer Aktiengesellschaft, einer G. m. b. H. oder einer offenen Handelsgesellschaft — beitritt, will nicht die Betriebseinrichtungen dieser Gesellschaften benutzen, sondern er beteiligt sich aus Spekulation.

Dadurch, daß die Genossenschaft keinen Kapitalprofit kennt, ist sie auch sehr wohl imstande, billiger als alle anderen Unternehmungen zu arbeiten: so kann daher eine Kreditgenossenschaft zu billigeren Zinssätzen und Provisionen Vorschüsse gewähren, ein Konsumverein billiger Lebensmittel liefern, die ländliche Bezugsgenossenschaft billiger Saatgut und Düngemittel an die Landwirte abgeben, die Rohstoffgenossenschaft dem Handwerker billigere Rohstoffe zur Verfügung stellen, als der private Händler.

Und alle diese Genossenschaften werden nicht nur billiger liefern können, sie werden auch stets gute und einwandfreie Waren bester Qualität zur Verfügung stellen; denn es gibt keine Übervorteilung im genossenschaftlichen Betriebe. Da die Mitglieder als Kunden zugleich die Inhaber und Träger des Unternehmens sind, würde die Genossenschaft nur ihre eigenen Mitglieder übervorteilen — also sich selbst betrügen, wenn sie minderwertige Qualitäten an ihre Mitglieder lieferte. So schaffen und arbeiten die Genossenschaften nicht zum Sondernutzen und im egoistischen Interesse, sondern für alle ihre Mitglieder im Gesamtinteresse. Sie sind daher als Unternehmungen, die Eigennutzen in ihrem Betriebe nicht kennen, gemeinnützige Veranstaltungen.

Ihre Gemeinnützigkeit äußert sich weiter in der Allgemeinheit, der die Genossenschaft dienen will. Sie bildet keine geschlossene Korporation, sondern gewährt allgemein Zutritt, um allen Interessenten die Vorteile des genossenschaftlichen Betriebes zugänglich zu machen. Sie will nicht nur einem einzelnen nützen, sondern zugleich ganzen Berufsständen — wie die Handwerkergenossenschaft dem Handwerkerstande, die landwirtschaftliche Genossenschaft der ländlichen Bevölkerung, ja schließlich — wie die Konsumvereine und Baugenossenschaften — allen Bevölkerungsschichten, somit der Allgemeinheit dienen. So richtet sie keine Schranken für die Beteiligung auf — und kennt auch im Gegensatze zu allen anderen Handelsunternehmungen keine Konkurrenz. Sie will niemand den Rang ablaufen — ja sie kennt sogar keine Geschäftsgeheimnisse, da die Genossenschaft ihre Geschäftsabschlüsse, Einnahmen und Ausgaben, Gewinn und Verlust öffentlich und in der Generalversammlung offenbart und auch die einzige Privatgesellschaft ist, die ausnahmslos und ohne Umschweife und Bedingungen alle wünschbaren Angaben über ihre Handels- und Produktivbetriebe liefert.

Die Genossenschaft erfüllt weiter ihre gemeinnützigen, sozialpolitischen Aufgaben, indem sie dazu beiträgt, ganze Berufsstände in ihrer sozialen Lage zu heben. So löste sie den kleinen Landwirt und Handwerksmann aus den oft schwer drückenden Banden der Abhängigkeit von wucherischen und unreellen Händlern und Geldgebern und brachte infolge Verbilligung von Lebensmitteln durch Bezug aus Konsumvereinen oft die gesamte Haus- und Lebenshaltung der ärmeren Bevölkerungsschichten auf eine höhere Stufe; sie verbreitete unter der genossenschaftlichen Landbevölkerung wirtschaftstechnische Kenntnisse, die wertvoll waren für die Bestellung der Felder und die Viehhaltung, machte den Ackerboden ertragsfähiger und die Viehzucht ertragsreicher; sie erweckte und pflegte den Sparsinn in der gesamten Bevölkerung, erzog die Mitglieder zur Barzahlung und Buchführung, förderte durch die Betätigung am Gemeinschaftsleben den Gemeinsinn der Bevölkerung.

So mag und wird sich auch das in Friedenszeiten kraftvoll entwickelte Genossenschaftswesen in den Kriegswirtschaftsnöten bestens bewähren und zeigen, was genossenschaftlicher Geist vermag. Aus allen Kreisen der Genossenschaftsbewegung kommen bereits Kundgebungen, wie sich der genossenschaftliche Gedanke des gemeinsamen Einstehens und Helfens bereits in die Tat umzusetzen beginnt und alle Seiten genossenschaftlicher Betätigung darauf bedacht sind, zu stützen und zu stärken.

Das Betätigungsgebiet der meisten Genossenschaften liegt in den Kreisen der mittleren und ärmeren Bevölkerungsschichten — dem wirtschaftlich Schwachen zu helfen, ist der Zweck ihres Betriebes — ihm will die Genossenschaft die Vorteile des Kapitalismus und des Großbetriebes zugänglich machen. Mögen auch die Einzelleistungen und Vorteile, die die Genossenschaft dem einzelnen Mitgliede zukommen läßt, im Vergleiche zu den Geschäften der Großunternehmer bescheiden und gering sein — gerade in dieser wirtschaftlichen Kleinarbeit, der sich die kapitalistischen Erwerbsunternehmungen wegen der geringen Gewinnchancen nicht widmen wollen und können, liegt der Wert der Genossenschaft. Sie stiftet damit einen gemeinnützigen Segen, der sozialpolitisch höher als die Milliardenleistungen der Großunternehmer zu werten ist.

Es wäre eine fehlerhafte Betrachtungsweise, die Bedeutung des Genossenschaftswesens nur nach dem eigenen Vermögen der Genossenschaften zu beurteilen — denn dieses ist ja mit seinen sieben- oder achthundert Millionen gering zu nennen im Verhältnis zu den Milliarden, die in Kapitalunternehmungen investiert sind.

In diesem Vermögensbesitze liegt auch gar nicht die genossenschaftliche Leistungsfähigkeit und Stoßkraft. Ihre vermögenswerte Leistungsfähigkeit liegt in den schlummernden Haftverpflichtungen ihrer Mitglieder, die bilanzmäßig nicht zum Ausdrucke kommen wie andere Vermögensaktiva, sondern gewissermaßen als Garantieverpflichtungen hinter dem eigenen Vermögen der Genossenschaft stehen.

Und die genossenschaftliche Stoßkraft offenbart sich in ihrer Wirkung, durch mannigfache Belebung produktiver Wirtschaftsbetriebe lebendige, stets von neuem schaffende Kräfte unter ihren Mitgliedern zu wecken und zu erhalten.

Die Genossenschaften befruchten und unterstützen somit stets neu schaffende Produktivkräfte — sie sind die Springquellen alles kleingewerblichen Wohlstandes in Stadt und Land.

Und in einem feindurchdachten, wiederum genossenschaftlich organisierten Geldausgleichungssysteme wird mit Hilfe der genossenschaftlichen Zentralkassen erreicht, daß Geldüberschüsse der kapitalreichen Genossenschaften, die aus den Ersparnissen des Mittelstandes und den Spargroschen der kleinen Leute kommen, nicht über die Großbanken der Großindustrie und dem Großhandel zugeführt werden, sondern wieder denjenigen Kreisen als Kredite zugänglich gemacht werden können, aus denen sie herrührten.

Und schließlich kommt die Gemeinnützigkeit des Genossenschaftsbetriebes in der Art der Verwaltung zum Ausdrucke. Viele, ja die meisten der Genossenschaftsvorstände und Aufsichtsratsmitglieder üben ihre Tätigkeit unentgeltlich als Ehrenamt aus zum Besten des allgemeinen Wohles. So werden namentlich fast alle ländlichen Genossenschaften ehrenamtlich verwaltet und die Honoratioren des Ortes, Pfarrer, Lehrer und Gemeindevorstände sind Aufsichtsrats- oder Vorstandsmitglieder und stellen unentgeltlich ihre Kräfte in den Dienst der guten Sache.

Die Männer, die an der Wiege des deutschen Genossenschaftswesens gestanden haben, wie Schulze-Delitzsch und Raiffeisen — die beiden genialen Organisatoren des deutschen Genossenschaftswesens — und V. A. Huber, der feinsinnige, edle Gelehrte, haben in selbstlosester Weise für das Genossenschaftswesen gewirkt. Und das gleiche gilt von ihren Nachfolgern, von den Führern und Förderern des Genossenschaftswesens und allen denen, die in der genossenschaftlichen Arbeit stehen. Sie alle bringen Opfer dar — ja, man kann sagen, daß die ganze genossenschaftliche Organisation auf der begeisterten Arbeit idealgesinnter Männer beruht.

III.

Die genossenschaftliche Selbsthilfe zur Überwindung wirtschaftlicher Schwierigkeiten.

Es gibt keinen Selbstzweck außer dem des wirtschaftlichen Vorwärtskommens. Der Trieb, seine wirtschaftliche Lage zu verbessern, ist allen Menschen eigen. Es ist der natürliche Selbsterhaltungstrieb. Aber die Mittel und Wege des wirtschaftlichen Vorwärtskommens sind verschlungen und schwer — und nicht jedem erreichbar. Gerade zu Zeiten der höchsten Entwickelung eines Wirtschaftslebens, wo alle Kräfte bereits angespannt und unter Ausnutzung aller Erwerbsmöglichkeiten arbeiten, ist das wirtschaftliche Emporkommen gerade derjenigen Kreise schwer gemacht, die isoliert stehen und auf sich selbst angewiesen sind. So wird im Zeitalter des Kapitalismus und des Großbetriebes nur derjenige wirtschaftlich vorwärts kommen, der über genügendes Betriebskapital verfügt und sich die Vorteile des Großbetriebes verschaffen kann. Nur dann kann er auf die Dauer die Konkurrenz des Großbetriebes bestehen. Gewiß ist unser deutsches Volk wirtschaftlich ein starkes Volk. Aber wenn wir unser deutsches Wirtschaftsleben überblicken, so finden wir überall gestärkt und in Blüte das Großunternehmertum — also den Großhandel, die Großindustrie, den Großbetrieb in der Landwirtschaft —, während man fortgesetzt Klagen des Mittelstandes und der kleingewerblichen Bevölkerung hört. Gewiß wird es auch den Großunternehmern nicht leicht gemacht, sich wirtschaftlich zu behaupten und ich verkenne keineswegs die großen Lasten und Verantwortung, die ihm die moderne Sozialpolitik und die ausländische Konkurrenz auferlegt. Aber das Großunternehmertum ist wirtschaftlich und politisch gestärkt — es ist von vornherein mit ganz anderen Verbindungen ideeller und materieller Art ausgestattet, um seinen Platz an der Sonne zu behaupten und aufkommenden Schwierigkeiten zu begegnen.

Ganz anders steht die kleingewerbliche und die Arbeiterbevölkerung da. Die letztere ist in Lohn- und Arbeitsbedingungen überhaupt vom Großunternehmer als ihrem Arbeitgeber abhängig. Aber gerade „das sich in Lohn und Arbeit geben“, befreit den Arbeiterstand, sofern Lohn- und Arbeitsverhältnisse ausreichend sind, von jenen wirtschaftlichen Betriebssorgen, die dem Kleinunternehmertum eigen sind. Hat der Lohnarbeiter eine passende Arbeitsstätte gefunden, so braucht er nur seine Arbeit zu verrichten, um seines verdienten Lohnes sicher zu sein.

Anders der Kleinunternehmer mit eigenem Betrieb, sei er nun Handwerker, Landwirt oder Gewerbetreibender. Diese wissen oft nicht, ob ihrer Arbeit und ihren vielen Betriebsunkosten der gebührende Lohn und Preis wird, sie haben mit Schwierigkeiten aller Art zu kämpfen, sie sind oft von ihren Lieferanten ebenso abhängig wie von ihrer Kundschaft — dabei in ihrem Erwerbe überall bedroht durch die mächtige Konkurrenz des Großbetriebes. Wer in den Akten der Mittelstandspolitik geblättert hat, kennt die Nöte des Kleinunternehmertums. Man weiß aber auch, daß die schwierige Lage des Mittelstandes oft übertrieben in allzu schwarzen Farben geschildert wird, daß unter Mittelstandspolitik sich oft auch Bestrebungen verstecken, die auf den Schutz der Mittelmäßigkeit und Zurückgebliebenheit, auf die Unterdrückung eines gesunden Fortschrittes hinauslaufen — und eine Verbesserung ihrer wirtschaftlichen Lage oft nur an der Initiative der beteiligten Mittelstandskreise selbst liegt. Wer die Geschichte des Genossenschaftswesens kennt und die Anfänge genossenschaftlicher Entwickelung überblickt, weiß das. Wenn irgendwo, so kann auf dem Gebiete der Mittelstandspolitik die Geschichte der Genossenschaft als vorzügliche Lehrmeisterin angesehen werden.

Die in den 40 er und 50 er Jahren des vorigen Jahrhunderts bedrohten Handwerker und Gewerbetreibenden verlangten zur Besserung ihrer Lage die Einführung des alten Innungs- und Zunftzwanges, die Beschränkung der Meisterzahl und Wiederabschaffung der Gewerbefreiheit — jener Gewerbefreiheit, die erst so sehnsüchtig von ihnen verlangt war —, und als auch diese wieder abgeschafft war und der Karren nicht mehr weiter ging, weil die Fortschritte des Verkehrs und der Technik — kurz der Groß- und Maschinenbetrieb dem Handwerke überlegen war, begehrte man gar die Abschaffung der Maschinen. Oder der Staat sollte helfen und Kapitalien gewähren, womöglich zinslos und ohne Risiko und Garantie der Beteiligten für die Rückerstattung.

Nichts von alledem wollte und wünschte Schulze-Delitzsch. Schulze-Delitzsch verwies die klagenden Handwerker auf die genossenschaftliche Selbsthilfe. Nicht in der Rückkehr zu der alten Betriebsweise der Zunftverfassung, nicht in der Wiederaufnahme von Formen, welche längst überwundenen Zuständen angepaßt waren, fand er das gesuchte Heil. Wer in einer bestimmten Zeitepoche bestehen will, der muß ihr vor allem gerecht werden; und es gilt daher, sein Tun und Lassen — also auch seinen Gewerbebetrieb — den Forderungen der Gegenwart anzubequemen. Ist das gegenwärtige Zeitalter eben gerade ein kapitalistisches und steht es im Zeichen des Großbetriebes, so heißt es für alle diejenigen, die sich durch solche Wirtschaftsentwickelung benachteiligt fühlen, sich ihr anzupassen. Und solche Anpassung wird dem bedrängten Kleinunternehmer nur durch die Genossenschaft. Sie verschafft ihm die Vorteile des

Kapitalismus und Großbetriebes, indem er bei seiner Kreditgenossenschaft Bankkredit erhält unter gleichen, ja oft noch günstigeren Bedingungen als der Großunternehmer bei seiner Großbank empfängt; sie verschafft ihm die Vorteile des Großbezuges als Mitglied von Einkaufsgenossenschaften und die Vorteile des Großabsatzes als Mitglied von Magazin-, Verwertungs- und Absatzgenossenschaften — ja schließlich die Vorteile des Maschinenbetriebes in den Produktionswerkstätten der Werk-, Maschinen- und Verarbeitungsgenossenschaften.

Was der einzelne Kleinunternehmer in seiner Vereinzelung nicht besitzt — das soll er sich zu verschaffen suchen, indem er sich mit anderen verbindet. In der Vereinigung, in den Genossenschaften liegt der Weg für den Kleinunternehmer, der nicht Kapital und Kenntnisse genug hat, um sich allein die Vorteile des Großbetriebes nutzbar zu machen. Mehrere verbundene Kräfte machen eine große Kraft aus; auf das wirtschaftliche und gewerbliche Leben angewendet, heißt das, man soll sich genossenschaftlich vereinigen.

So sammelt die Genossenschaft die wirtschaftlichen Einzelkräfte, die in ihrer Zersplitterung wertlos, weil unerheblich sind, und verbindet sie zu einer Gesamtkraft: sie schaft durch Zusammenschluß zersplitterter Einzelkräfte wirtschaftliche Potenzen. Kredit und Betriebskapital, das dem einzelnen in seiner Vereinzelung verweigert worden wäre, fließt der Gesamtheit zu und kann so dem einzelnen durch die Genossenschaft dienstbar gemacht werden. Und das wunderbare ist, daß die Genossenschaft eben durch diese Summation von Einzelkräften auch selbst finanziell erstarkt und ohne wesentliche Beteiligung ihrer Mitglieder zu eigenem großen Vermögen gelangen kann.

Hier liegt das Zaubermittel der genossenschaftlichen Idee. Jede andere Kapitalgesellschaft, sei es Aktiengesellschaft, Gesellschaft mit beschränkter Haftung oder offene Handelsgesellschaft, bedarf zu ihrer Existenz und Betriebsfähigkeit bestimmter, von vornherein verfügbarer Mittel. So die Aktiengesellschaft eines bestimmten Grundkapitales, die Gesellschaft mit beschränkter Haftpflicht eines bestimmten Stammkapitales. Ohne Nachweis seines Vorhandenseins dürfen solche Gesellschaften handelsgerichtlich gar nicht eingetragen werden. Und die Genossenschaften — nichts von alledem — sie können ohne Gründungskapital in Leben und Verkehr treten. Man kann füglich behaupten, daß es keine Gesellschaft gibt, deren Bildung so leicht und einfach vor sich geht, wie die der Genossenschaft.

Es bedarf häufig oft nur der Initiative einiger Personen, denen sich Gleichgesinnte oft rasch anschließen, um sich die Vorteile der genossenschaftlichen Organisation zu verschaffen, mit anderen Worten der Selbsthilfe der Beteiligten.

Was bedeutet nun diese Selbsthilfe im einzelnen?

Sie bedeutet die Unabhängigkeit von oben und nach unten: die Freiheitlichkeit des Unternehmens. Nicht auf die Hilfe fremder, dritter Personen sollen die kreditbedürftigen Kreise angewiesen sein, um sich die Vorteile des Großbetriebes und des Kapitalismus zu verschaffen, sondern von sich selbst aus — aus eigener Kraft, soll die Unternehmung erstehen.

Zwar wurden auch schon vor Schulze-Delitzsch Kassen zur Unterstützung der kreditbedürftigen Kreise gegründet, aber sie beruhten auf Fremdhilfe, wurden gespeist aus fremden Mitteln, die nichts anderes als Wohltätigkeitsgeschenke und Almosen waren. Die genossenschaftliche Selbsthilfe hat nicht die demoralisierende Wirkung der fremden Unterstützung, des Almosens, sie entsittlicht nicht, sondern erhebt und erweckt das Selbstgefühl und Bewußtsein, aus eigener Kraft der Situation Herr zu werden und zur wirtschaftlichen Selbständigkeit zu gelangen.

Der Grundsatz der genossenschaftlichen Selbsthilfe wird nicht beeinträchtigt durch die Gewährung staatlicher Kredite, wie sie z. B. seitens der Preußischen Zentralgenossenschaftskasse durch Vermittelung der Verbands-Zentralkassen den Einzelgenossenschaften zur Verfügung gestellt werden; denn die staatlichen Mittel, die den Genossenschaften in dieser Form zufließen, werden ihnen nicht etwa wie Wohltätigkeitsspenden ohne Rückerstattungspflicht überlassen, sondern nach streng geschäftlichen Grundsätzen wie andere Bankkredite eingeräumt, wenn auch mit Rücksicht auf den in der staatlichen Forderung liegenden gemeinnützigen Charakter zu wesentlich erleichterten Bedingungen als im üblichen privaten Geschäftsverkehre.

Und durch die genossenschaftliche Selbsthilfe werden die Mitglieder einer Genossenschaft unabhängig von dritter Seite; denn die Genossenschaft übernimmt nunmehr die Tätigkeit, die früher vor ihrer Existenz ein Dritter ausführte, so z. B. übernimmt bei einer Kreditvereinigung die Genossenschaft nunmehr die Rolle des früheren Geldgebers des Genossen, die Rohstoffgenossenschaft die Rolle des früheren Lieferanten . . . So befreit die Genossenschaft den einzelnen oft von den drückenden Banden, die dieser durch das Abhängigkeitsverhältnis von seinem privaten, oft vielleicht harten Gläubiger und Lieferanten schwer empfunden haben mag. Durch die genossenschaftliche Selbsthilfe werden sie nunmehr frei — in der nunmehrigen Unabhängigkeit von Dritten, die Erwerbsinteressen verfolgen, liegt die Stärke der Genossenschaft für den einzelnen, der sich ihrer bedient.

Und noch in anderer Weise äußert sich der genossenschaftliche Selbsthilfegedanke: Die Mitglieder helfen sich nicht nur selbst durch die genossenschaftliche Vereinigung — sie verwalten die Vereinigung auch selbst im Wege des gemeinschaftlichen Geschäftsbetriebes. So verstärkt sich die genossenschaftliche Idee der Selbsthilfe um den Grundsatz der Selbstverwaltung: nicht fremde, angestellte Personen leiten und verwalten die Genossenschaft, sondern die Genossenschaftsmitglieder selbst haben die Vorstands- und Aufsichtsratsämter inne, die wiederum von der Gesamtheit der Genossen durch Generalversammlungsbeschluß mit gleichem Stimmrecht aller Mitglieder vergeben werden. Und mit gleichem Stimmrecht aller Mitglieder beschließt die Generalversammlung auch über sonstige wichtige Verwaltungshandlungen, so daß immer die Mitglieder an der Verwaltung und Geschäftsführung ihrer Genossenschaft beteiligt und interessiert bleiben.

Die genossenschaftliche Selbsthilfe vollzieht sich in einem streng persönlichen Zusammenschluß. Nicht Kapitalien, sondern Personen sind die Träger des Unternehmens, und wo eine Kapitalbeteiligung in der Form der Einzahlungen auf Geschäftsanteile und Bildung von Geschäftsguthaben zugelassen ist, wird überall diesem kapitalistischen Elemente eine gegenüber dem persönlichen Elemente untergeordnete und dienende Stellung angewiesen. Die Mitgliedschaft bei einer Genossenschaft ist streng persönlich — sie ist weder veräußerlich noch vererblich — ein Genosse kann sein Mitgliedschaftsrecht nicht übertragen und verkaufen, wie der Aktionär seine Aktie. Nicht das Kapital, sondern die Persönlichkeit des Mitgliedes spielt hier eine wichtige Rolle. Der Genosse tritt nicht in dem Umfange wie bei den Kapitalgesellschaften hinter der Gesellschaftsverwaltung zurück, so daß man nicht wüßte, wer Mitglied einer Genossenschaft sei. Bei den Kapitalgesellschaften, insbesondere den Aktiengesellschaften, weiß niemand oder wissen nur wenige, wer eigentlich die Aktionäre sind — die Gesellschaftsaktien können in vieler Hände, sie können aber auch in der Hand weniger einzelner sein, die dann, weil das Stimmrecht nicht der Person, sondern der Aktie gebührt, nach ihrem Aktienbesitze abstimmen und damit die ganze Gesellschaftsleitung in ihrer Hand haben. Anders bei der Genossenschaft. Hier kann jeder aus dem großen Publikum durch Einsicht der Genossenliste, die gerichtlich geführt wird, sich unterrichten, wer Mitglied ist und in welchem Umfange er seine Persönlichkeit dem genossenschaftlichen Zwecke gewidmet hat. In der Genossenschaft herrscht gleiches und stets gleiches Stimmrecht, gleichviel in welcher Weise sich ein Mitglied an der Genossenschaft finanziell oder wirtschaftlich beteiligt, in welchem Umfange er von den genossenschaftlichen Einrichtungen Gebrauch macht. Auf des Mitgliedes Persönlichkeit gründet und stützt sich die Genossenschaft. Alle Bedeutung nach außen und Qualität, aller Kredit, alles Leben im genossenschaftlichen Organismus richtet sich nach den Genossen, von ihnen hängt — durch Zu- und Abgang — der genossenschaftliche Vermögensbestand ab. In der persönlichen Beteiligung des Genossen an den Einrichtungen der Genossenschaft äußert sich seine Mitgliedschaft, um schließlich ihren schärfsten Ausdruck in der persönlichen Haftpflicht der Genossen zu finden.

Und damit zugleich schärft sie die Selbstverantwortung des einzelnen. Der Genosse steht nicht mehr für sich allein, isoliert in seiner bisherigen Vereinzelung da — er ist nunmehr Mitglied einer Vereinigung, ein dienendes Glied des Ganzen; denn wir müssen beachten, daß nicht der genossenschaftliche Zusammenschluß allein das Unternehmen schafft und erhält, sondern die mit der Mitgliedschaft verbundene Selbstverantwortung, die sich vornehmlich in der genossenschaftlichen Haftung äußert. Die genossenschaftliche Haftung ist ja das sachliche Substrat, die wirtschaftliche Unterlage, die Vermögensbasis, auf Grund deren die Genossenschaft kapital- und kreditfähig wird. Sie bildet den Schlüssel zu dem Eingang in den genossenschaftlichen Zaubergarten — sie erklärt die merkwürdige Tatsache, daß ohne Einzahlung von Kapitalien oder sonstigen Sachwerten eine bloße Personenvereinigung auf diesen Zusammenschluß hin zur Aufnahme umfangreicher Kapitalien für gut und kreditwürdig erachtet wird. Ohne solche gemeinsame Verhaftung für alle Verbindlichkeiten einer Genossenschaft würde kein einziger vernünftiger Gläubiger einer bloßen Personenvereinigung darlehnsweise Mittel vorstrecken; aber der Gläubiger weiß, daß nicht nur das Vermögen der Genossenschaft selbst, sondern hinter diesem das aller Mitglieder ihm verhaftet ist. Und so kommt ein weiterer Grundsatz der Genossenschaftsidee zum Durchbruch: die genossenschaftliche Selbstverantwortung. Die, die sich selbst helfen wollen, müssen auch selbst für einander einstehen und in Form der Solidarität die Bürgschaft für einander übernehmen.

„Einigkeit macht stark", ist der Gedanke der genossenschaftlichen Selbsthilfe und in dem Grundsatze: Einer für alle und alle für einen, prägt sich der genossenschaftliche Haftungsgedanke aus.

„Genosse sein, heißt nicht nur empfangen wollen, sondern auch geben; Genosse sein, heißt an sich selbst denken und sich zugleich im ganzen vergessen." (Wygodzinski.)

Die wirksamste und geachtetste Kriegshilfe in diesen schweren Wirtschaftszeiten üben und empfangen ist daher für die betroffenen Erwerbskreise nicht Hilfe von außen, sondern nur und allein die genossenschaftliche Selbsthilfe.

Für alle die aber, die nicht selbst sich am Genossenschaftswerke beteiligen können, mag der Satz Harnacks gelten:

„Der erwirbt sich heute die größten Verdienste um die soziale Lage, der das edle Selbstgefühl und den Entschluß des Individuums, auf eigenen Füßen zu stehen, in weiten Kreisen fördert".

Druck von Otto Walter in Berlin S. 14.

FSC
www.fsc.org
MIX
Papier | Fördert
gute Waldnutzung
FSC® C083411

Kolibri 360 GmbH
Ferdinand-Jühlke-Straße 7
99095 Erfurt, Deutschland
produktsicherheit@kolibri360.de